웅진주니어

이지유의 네버엔딩 과학이야기
내 이름은 태풍

초판 1쇄 발행 2015년 10월 30일
초판 14쇄 발행 2025년 10월 13일
글쓴이 이지유 | 그린이 김이랑
발행인 윤승현 | 콘텐츠개발본부장 안경숙
편집 전소현, 주수진 | 디자인 하늘·민 | 마케팅 정지운, 박현아, 김지윤, 황지영 | 제작 신홍섭

펴낸곳 (주)웅진씽크빅 | 주소 경기도 파주시 회동길 20 (우)10881
문의전화 031)956-7523(편집), 031)956-7569, 7570(마케팅)
홈페이지 www.wjjunior.co.kr | 블로그 blog.naver.com/wj_junior | 인스타그램 @woongjin_junior
출판신고 1980년 3월 29일 제406-2007-00046호 | 제조국 대한민국 | 사용연령 7세 이상

글 ⓒ 이지유 2015 | 그림 ⓒ 김이랑 2015
저작권자와 맺은 특약에 따라 검인을 생략합니다.
ISBN 978-89-01-20543-4 · 978-89-01-15647-7(세트) 74400

웅진주니어는 (주)웅진씽크빅의 유아·아동·청소년 도서 브랜드입니다.
이 책은 저작권법에 따라 보호받는 저작물이므로 무단전재와 무단복제를 금지하며,
이 책 내용의 전부 또는 일부를 이용하려면 반드시 저작권자와 (주)웅진씽크빅의 서면 동의를 받아야 합니다.

잘못 만들어진 책은 바꾸어 드립니다.
⚠ 주의 1_책 모서리가 날카로워 다칠 수 있으니 사람을 향해 던지거나 떨어뜨리지 마십시오. 2_보관 시 직사광선이나 습기 찬 곳은 피해 주십시오.

이지유의 네버엔딩 과학이야기

내 이름은 태풍

글 이지유 | 그림 김이랑

웅진주니어

작가의 말

덴빈, 무슨 일이 있었던 거니?

    2012년 태풍 볼라벤이 우리나라를 지나갔어요. 태풍이 오기 전 사람들은 아주 난리가 났어요. 혹시나 유리창이 깨질까 봐 초록색 테이프를 덕지덕지 붙이고 신문지를 겹겹이 덧대기까지 했어요. 댐과 저수지를 지키는 사람들은 홍수가 날까 봐 뜬눈으로 밤을 새워야 했어요. 그런데 며칠 뒤에 또 다른 태풍이 찾아왔어요. 태풍 덴빈이었어요. 커다란 태풍 두 개가 연거푸 찾아오니 사람들은 정신이 없었지요.
    날마다 태풍 소식을 눈여겨보던 나는 아주 재미난 사실을 발견했어요. 볼라벤과 덴빈은 둘 다 적도 북쪽 태평양에서 태어났는데 덴빈이 볼라벤보다 먼저 태어난 형이었어요. 그런데 왜 동생인 볼라벤이 먼저 우리나라에 도착한 걸까요? 물론 수시로 변하는 북태평양의 환경 때문에 먼저 발생한 태풍이 늦게 북상하는 일은 얼마든지 있을 수 있어요.
    나는 아주 궁금했어요. 두 태풍 사이에 무슨 일이 있었는지 말이에요.
    그래서 우비를 입고 장화를 신은 뒤 마당으로 나가 덴빈에게 물었답니다.
    "도대체 무슨 일이 있었던 거니?"
    덴빈은 있는 힘을 다해 비를 짜내느라 기운이 없었지만 마지막 기운을 끌어모아 이야기해 주었어요. 태평양에서 태어나 우리나라에 오기까지 2주일 동안 있었던 일

을 말이에요. 아, 저렇게 무섭고 강한 태풍의 수명이 겨우 2주라니…, 믿을 수가 없었어요.

덴빈은 따뜻한 남쪽 나라에서 추운 북쪽으로 올라온 이유는 오직 하나라고 했어요. 나는 덴빈의 이야기에 너무나 감동받아 고개를 끄덕이며 말했어요.

"그래, 내가 너희 형제의 이야기를 써 줄게."

덴빈은 조용히 사그라들었어요.

여름마다 찾아오는 태풍은 엄청난 양의 비를 뿌리고 강한 바람을 몰고 와 많은 피해를 주곤 하지요. 그래서 사람들은 태풍을 아주 미워해요. 하지만 우리가 태풍에 대해 잘 모르고 있는 것이 있어요. 그게 뭐냐고요?

이 태풍 형제의 이야기를 읽어 보세요. 그리고 언젠가 태풍이 올 때 말을 걸어 보세요. 그 태풍은 또 다른 이야기를 해 줄 거예요.

2015. 10. 이지유

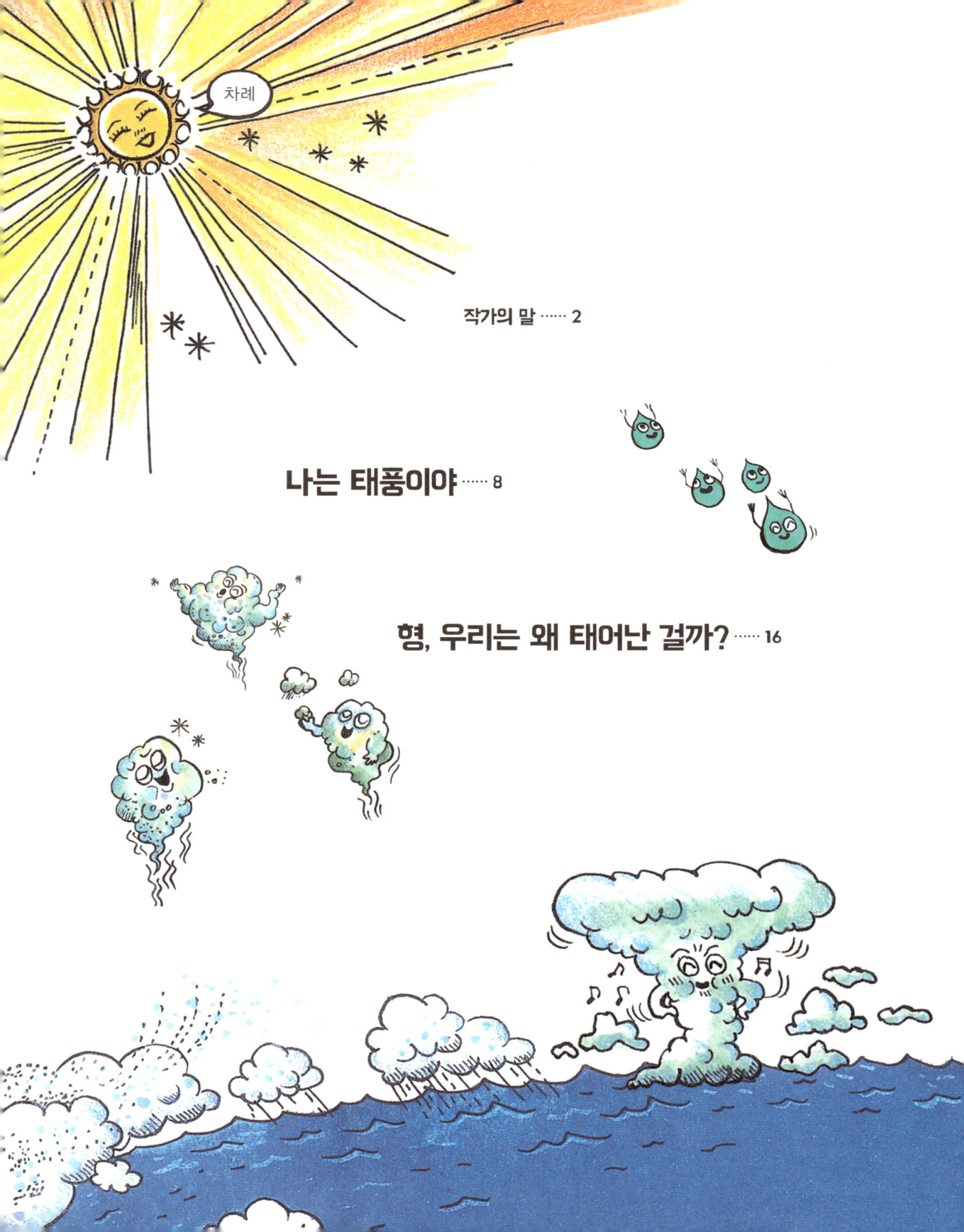

차례

작가의 말 …… 2

나는 태풍이야 …… 8

형, 우리는 왜 태어난 걸까? …… 16

뭐, 바다가 없는 세상이라고? …… 22

덴빈의 고민! …… 32

태풍은 열 배달부야! …… 40

덴빈은 사라지지 않아! …… 52

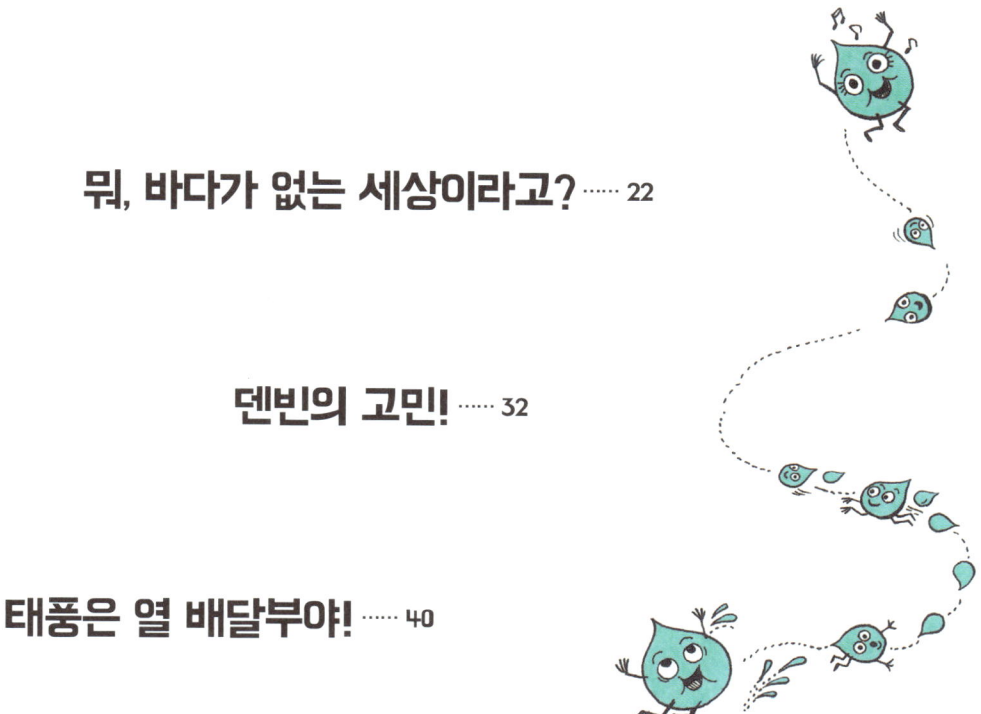

태풍이 뭔지 모르는 사람들을 위해 나에 대해 말해 주지.
나는 엄청나게 거대한 구름 덩어리야.
그냥 구름 덩어리가 아니고 빙글빙글 도는 소용돌이 구름 덩어리야.
빙빙 돌기 때문에 소용돌이 한가운데에는 구멍이 뚫려 있어.
변기 속 물 내려가는 거 본 적 있지?
뚫린 구멍 속으로 물이 빙빙 돌면서 내려가잖아.
나한테도 그런 구멍이 위아래로 뚫려 있어.
이 구멍에서 올려다보면 푸른 하늘이나 별을 볼 수 있어.
하늘에서 내려다보면 이 구멍으로 땅이나 바다도 볼 수 있지.

사람들은 이 구멍을 태풍의
눈이라고 불러.
하지만 진짜 내 눈은 아니야.
인공위성에서 나를 찍으면
이 구멍이 눈처럼 보이나 봐.
참, 어이가 없어서.

이왕 이렇게 된 거 태풍의 눈에
대해 좀 더 이야기해 줄게.
태풍의 눈 안에 들어오면 구름으로
이루어진 거대한 벽이 둘러싸고 있어.
구름 벽의 높이는 무려 10킬로미터!
구름 벽은 가만히 있지 않고, 윙윙
소리를 내며 돌고 있지.
게다가 그 안은 엄청 덥고 습해.

그뿐 아니야.
태풍의 눈은 태풍과 함께 빠른 속도로 움직여.
만약 네가 태풍의 눈 안에 가만히 있다면 구름 벽이
눈 깜짝할 사이에 다가와 널 벽 속으로 빨아들이고 말 거야.
네가 만약 한 시간에 40킬로미터쯤 뛰거나 날 수 있다면
태풍과 같이 여행을 할 수 있을지도 몰라.
그 정도는 할 수 있지?
하하하하!

나는 더 이상 참을 수가 없었어.

애가 못 먹을 걸 먹었나.
너무 이유를 따지지 마.

태풍으로 태어났으니까
태풍답게 살면 되는 거야.
태풍은 강한 바람을 일으키고,
엄청난 비를 퍼부어야 해.
그래야 태풍이라고
할 수 있는 거야.

자꾸 이상한 거 묻지 말고 **수증기나 먹어!!**

내 소리가 너무 컸는지 갈매기들이 꽥꽥거리며 달아났어.

우르릉 쾅쾅!

마침 갈매기들이 날아오는 게 보였어.
"야, 갈매기들. 왜 우리 불라불라한테 이상한 소리를 하고그래!
하루라도 빨리 수증기를 먹고 커야 하는데, 뭐, 바다가 없는 세상?
바다가 없으면 어떻게 반지름이 500킬로미터가 넘는 거대한 태풍이
될 수 있겠어. 우리 불라불라는 600킬로미터, 700킬로미터까지도 자랄 수
있단 말이야. 그런데 너희들이 이상한 말을 해서 딴생각을 하고 있잖아.
너희들, 이제 우리 불라불라랑 놀지 마!"
갈매기들이 번개처럼 도망갔어.

뭐?

어딜 간다고?

난 더 이상 참을 수가 없었어.

그 땅이라는 곳엔 물도 없다면서 우리가 먹을 수증기가 있어?

그, 그건 잘 몰라.

동생이 가 버렸어. 정말로 갔어.
바다가 텅 빈 것 같았어. 수증기가 많아도 기쁘지 않았어.
어디선가 불라불라의 목소리가 들리는 듯했어.

이런 생각을 하게 될 줄 몰랐지만, 동생이 보고 싶어.
아, 그립다는 것은 이런 기분이구나.

덴빈의 고민!

내가 대답을 하지 않고 머뭇거리자 엄마가 다시 물었어.

북쪽으로 가 주지 않겠니?

무서워요. 거기엔 바다도 없고, 수증기도 거의 없대요.

아무리 엄마 부탁이지만 전 싫어요!

조나단이 쉬지 않고 떠들어 댔어.
"태양은 골고루 열을 주지만 바다 표면에는
특히 더 데워지는 곳이 있어요.
그곳의 바닷물은 주변보다 더워져 공기가 가벼워져요.
그러면 주변에 있는 수증기랑 공기 들이 그곳으로 마구 몰려와요.
그냥 몰려오는 게 아니라 빙글빙글 돌면서요.
그래서 덴빈 씨 같은 태풍이 생기는 거랍니다."
나는 조나단이 하는 말을 하나도 알아들을 수가 없었어.

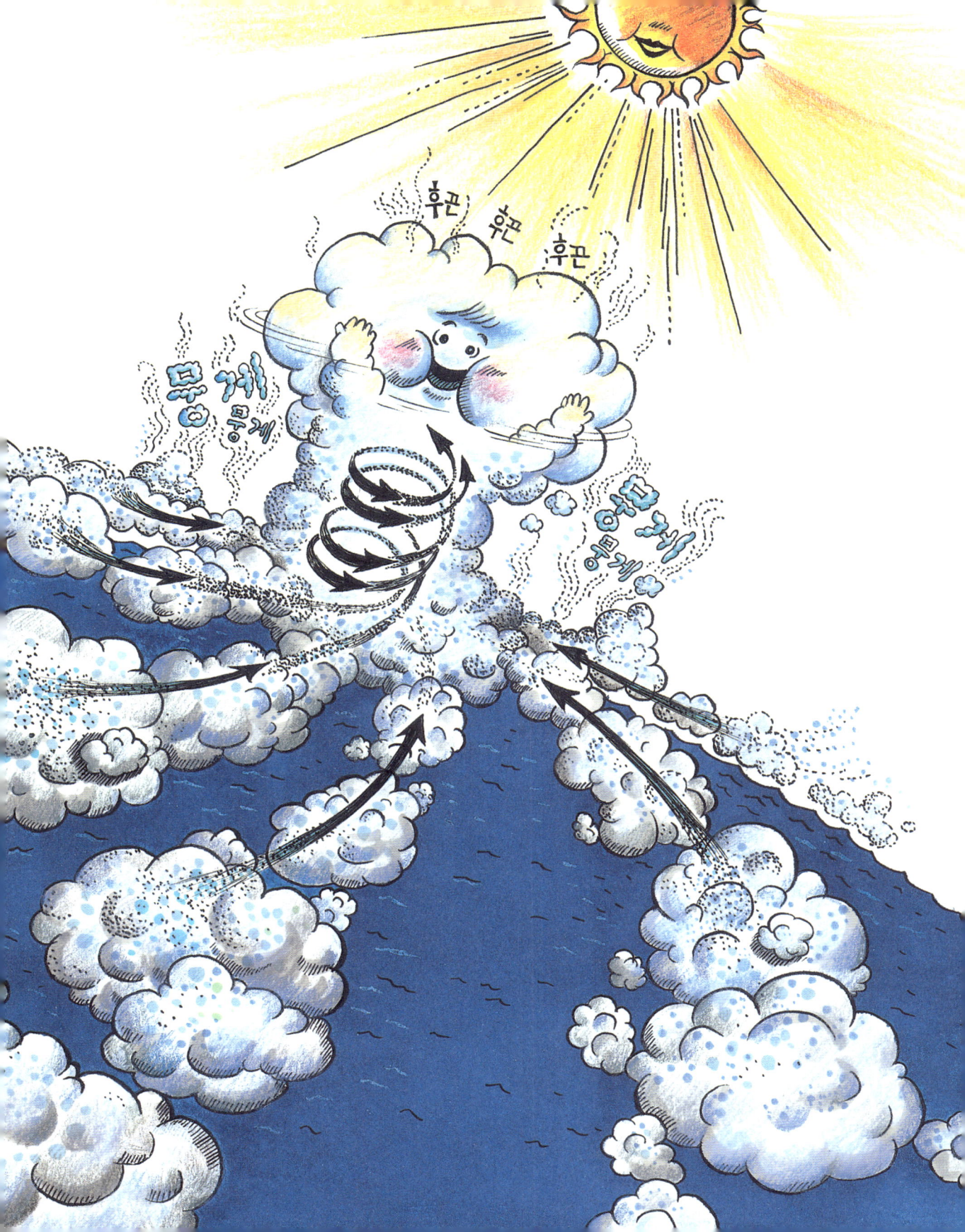

태풍은 열 배달부야!

나는 마음이 복잡했어.
더 이상 혼자가 아니라서 기뻤지만 혹시 저 녀석도
불라불라처럼 골치를 썩이면 어쩌나 걱정이 됐어.
하지만 내 마음은 벌써 새로운 태풍에게 가 있었나 봐.
나도 모르게 이런 말이 튀어나왔지 뭐야.
"안녕, 난 뎬빈이야."
하지만 아기 태풍은 내 인사에도 아랑곳 않고
구름을 만들며 꼬물거리기만 했어.
그때였어. 작은 물방울 하나가 말을 걸었어.

내가 북쪽으로 가지 않으면 큰일 난다고 해서 가려고 했는데,
사라진다니? 내가 왜? 싫어! 싫어!
나는 온 힘을 다해 소리쳤어.

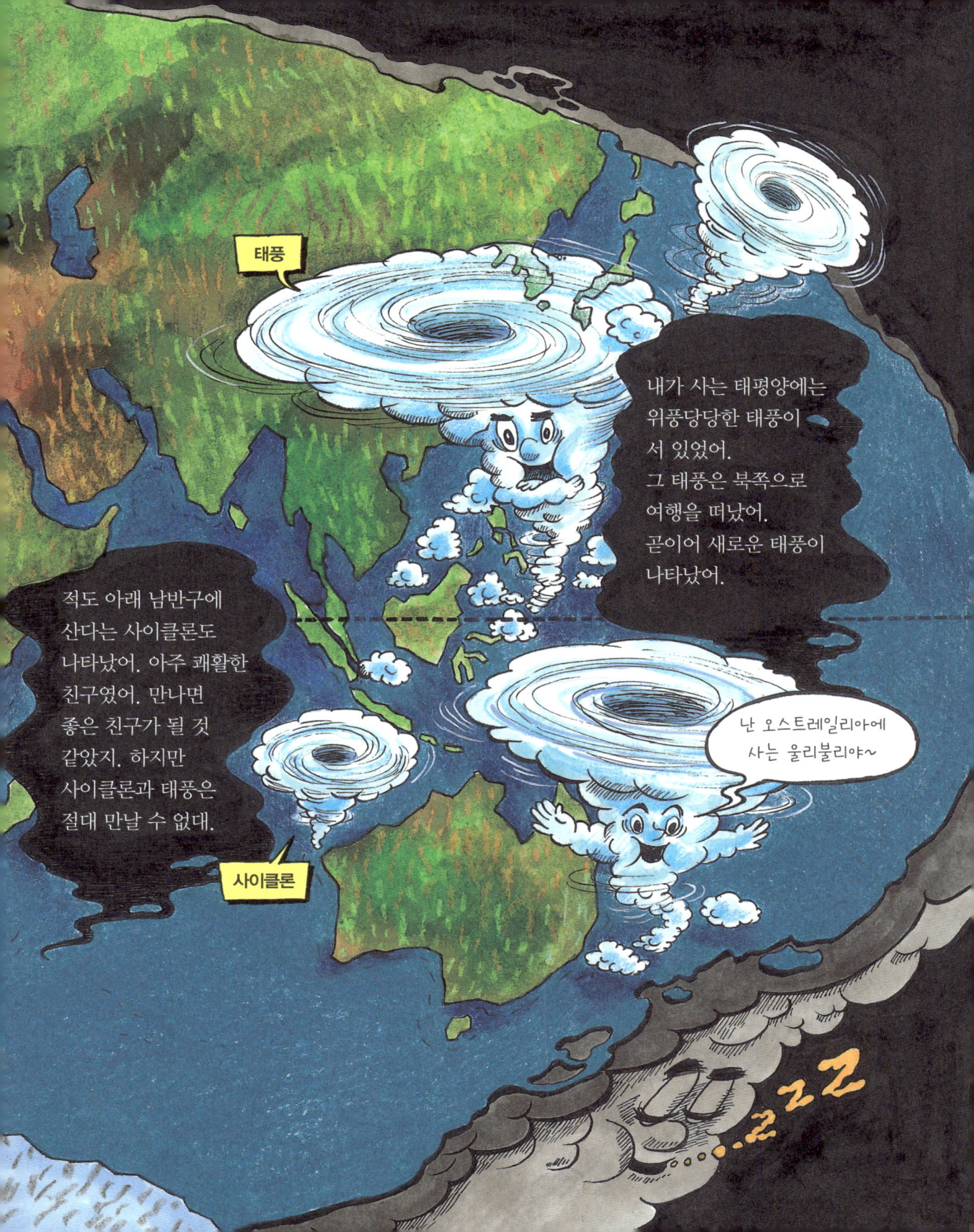

여러 개의 태풍이 계속 나타났어.
어떤 것은 거대한 땅에 올라가 비바람을 뿌리고 사라졌고,
어떤 것은 방향을 틀어 다시 북태평양으로 갔지.
방향을 튼 태풍은 바닷물이 차갑다고 툴툴대더니 비를 뿌리고 사라졌어.
태풍들은 두려운 기색이 전혀 없었어.
모두 새로운 세계를 탐험하는 것을 즐기는 듯했지.

나는 태풍들에게 물었어.
사라질 것을 알면서 왜 북쪽으로
가느냐고. 이름 모를 태풍이 대답했어.
"우리는 사라지지 않아. 잠시 사라지는
것처럼 보일 뿐이지. 우리는 비가 되어
다시 태평양으로 돌아온다고."

그때였어. 저 멀리 불라불라가 보였어.
"불라불라야, 가지 마. 나랑 있어."
불라불라는 즐겁게 말했어.
"형, 신기한 세상 구경하고 돌아올게."
"가지 마, 불라불라~ 가지 마!"

가지 마,
가지 마...

"덴빈 씨, 불라불라 씨가
땅으로 올라갔다는 소식이에요."

근데 참 이상하지?
이제는 땅으로 간다는 것이
그렇게 두렵지 않았어.

덴빈 씨,
괜찮아요?

나는 바람에 밀려 북쪽으로 달려갔어.

나는 불라불라가 터놓은 길을 따라 북쪽으로 올라갔어. 바다가 차가워지는 것을 느낄 수 있었어.

돌고래들도 더 이상 따라오지 못하고 작별 인사를 했어.

나는 비를 한꺼번에 쏟지 않으려고
애를 쓰며 땅으로 올라섰어.
수증기를 먹지 못하니 기운이 점점 빠졌어.

영차!

내가 가진 구름에서 비를 죽죽 뽑아냈어.
그럴수록 내 몸이 희미해지는 것을
느낄 수 있었지.

우르릉 쾅쾅
쏴아아아

나는 지구의 열을 옮기는 열 배달부!
나는 비가 되어 다시 바다로 갈 거야.
그리고 그곳에서 다시 태어날 거야.
나, 태풍 덴빈은 사라지지 않아.

글 이지유

서울대학교에서 지구과학교육과 천문학을 공부하고, 늦은 나이에 과학영재교육학 공부도 했습니다.
자연 현상이나 과학 지식을 이야기와 버무리는 작업을 아주 좋아합니다. 모든 것에는 나름대로 사연이 있다고
여겨 그들과 이야기하려는 노력을 멈추지 않고 있습니다. 그래서 남들은 다 무서워하는 태풍과도 이야기를
나누는 이상한 작가랍니다. 요즘은 재즈 피아노에 미쳐 피아노와의 대화를 시도하고 있습니다.
지은 책으로는 〈별똥별 아줌마가 들려주는 우주 이야기〉〈별똥별 아줌마가 들려주는 공룡 이야기〉
〈별을 쏘는 사람들〉〈우주를 누벼라〉〈안녕 여긴 천문대야!〉〈내 이름은 파리지옥〉 들이 있습니다.

그림 김이랑

긴 작업 시간 동안 태풍이 올라올 때마다 위성 사진을 한참 들여다보는 버릇이 생겼습니다.
거대하고 위력적인 태풍을 어떻게 표현할까 고민도 많이 했습니다.
작업은 끝났지만 태풍이 올 때마다 지켜볼 거예요. 계속 만나왔던 친구들일 테니까요.
그림책에 그림을 그리고 있습니다.
그린 책으로는 〈내 이름은 파리지옥〉〈쓰레기 반장과 지렁이 박사〉〈가족은 꼬옥 안아 주는 거야〉
〈그래도 나는 누나가 좋아〉〈앗! 모기다〉〈쥐똥 선물〉〈명탐정 과학 수사 파일〉 들이 있습니다.

💧 태풍은 왜 필요한 걸까요?

지구는 둥글고, 비스듬히 기울어져 자전하고 있어요. 태양은 저 멀리서 뜨거운 햇빛을 쏘아 대고 있기 때문에 지구의 가장 불룩한 배 부분을 지나는 적도 근처 바다가 가장 잘 데워진답니다. 북극과 남극은 햇빛을 비스듬히 받아 열이 부족해 늘 얼음이 얼어 있지요. 시간이 더 지나면 북극과 남극의 얼음은 점점 넓어지고 이 빙하는 거울처럼 태양빛을 반사해서 지구는 더 추워지죠. 그래서 지구는 열을 골고루 섞어 줄 방법으로 태풍을 발명했어요.

따뜻한 바다 표면에 있는 물 분자는 햇빛을 받아 증발해서 공기 중으로 떠올라 수증기가 돼요. 주변보다 더 따뜻한 곳은 기압이 낮아 저기압 지대라고 부르는데, 공기는 기압이 높은 곳에서 기압이 낮은 곳으로 몰려가는 성질이 있어요. 그래서 저기압 지대에는 따뜻한 수증기가 몰려들고 그것들이 뭉쳐서 구름이 돼요. 북반구에서는 따뜻한 공기가 반시계 방향으로 돌면서 모여들어요. 이것이 바로 태풍이에요. 그러니까 태풍은 태평양의 열기를 품은 수증기로 이루어진 거대한 구름 덩어리인 셈이죠.

태풍은 바람의 영향을 받아 북쪽으로 서서히 이동해요. 어떤 태풍은 육지로 올라가기도 하고, 어떤 태풍은 차가운 북쪽 태평양으로 가기도 하죠. 어떤 경우든 따뜻한 수증기가 없으면 태풍은 더 커질 수 없어요. 엄청난 비를 뿌리고 사그라들고 말지요. 태풍이 수증기의 형태로 열을 북쪽으로 가져갔기 때문에 적도는 그만큼 식고, 북쪽의 육지는 그 열을 비와 바람으로 받아요. 태풍은 지구의 열을 골고루 섞기 위해 지구가 발명한 아주 훌륭한 방법이에요.
북태평양에서는 태풍이, 인도양 부근에는 사이클론이, 멕시코만 부근에는 허리케인이 그 역할을 한답니다.